Un blanco deslumbramiento

ANDRÉS ABERASTURI

UN BLANCO DESLUMBRAMIENTO

(Palabras para Cris)

CONTRAPUNTO, 3
SIAL ediciones

PALABRAS PREVIAS

VERDADERAMENTE no sé muy bien qué decir –ni tan siquiera si tengo algo que decir– sobre este largo y lírico poema épico; sólo que lo escribí de golpe, con prisa, con fiebre, viviendo cada verso con esa pasión devoradora que no sentía desde la adolescencia.

Comencé el poema –entonces yo no sabía que iba a ser un poema– una madrugada fría en la que, de vuelta a casa, pasé como siempre por el cuarto de Cris –mi hijo con parálisis cerebral–, que medio se despertó, me miró, me dedicó una sonrisa un poco de cumplido y se dio la vuelta para seguir durmiendo con sus manos entre la almohada y la mejilla.

La escena no era nueva; decenas de veces se había repetido antes y se ha repetido después. Pero aquella noche, ignoro por qué, yo la viví distinta y empecé a escribir en un cuaderno –en prosa– la historia de aquel hijo con el que tantas cosas habíamos aprendido.

En realidad las primeras líneas del cuaderno –que no tenían vocación de nada– se referían ya directamente al hijo y, más tarde, llegó el recuerdo de «La 5.ª planta» aunque para el libro lo he ordenado justo al contrario.

Como he dicho, comencé a escribir en prosa y no sé muy bien cómo llegué al verso, aunque sí sé que no fue una decisión consciente. Según iba avanzando en los recuerdos y los sentimientos afloraban, la escritura se iba haciendo no más fluida sino más atropellada, más urgente, más y más necesaria y durante los días –y, sobre todo, las noches– posteriores, lo único que deseaba era ponerme frente al cuaderno y al ordenador y apenas me costaba entonces entrar como en un trance que solo he sentido alguna vez con la pintura.

Escribí a trompicones casi el doble de versos de los que

ahora se publican; y la labor de poda posterior fue, como todas, dolorosa pero evidente. Reducido el libro casi a al mitad, y cuando ya estaba teoricamente terminado –debería decir poema porque insisto en que nunca lo pensé como libro–, una entrevista con José Hierro me puso de nuevo sobre los folios:

–En poesía –me dijo Pepe– no hay sinónimos; cada palabra es la que debe ser y no hay otra.

Era cierto; desde el principio había cosas que sin saber por qué me chirriaban y volví sobre el poema una y otra vez para encontrar la palabra exacta y no el sinónimo. Supongo que esa es una lucha que nunca abandonaré y desde las galeradas hasta ahora, he cambiado –en mi original– unas cuantas cosas más.

Esto en cuanto a la forma. Sobre el poema mismo, sobre lo que fueron aquellos primeros días de la vida de Cris y sobre lo que ahora representa su presencia en nuestro entorno, ahí está la historia.

Soy consciente de varias cosas: de que este puede parecer un libro duro a veces, otras tal vez excesivamente frío y al final incluso cursi. Puede ser. Pero la historia que cuenta fue a veces dura, otras veces fría en exceso; y el final, desde fuera, puede parecer incluso cursi. No me preocupa nada; ni eso ni la rima en ocasiones fuerte y hasta excesiva que, pese a los continuos retoques, he querido respetar porque si salió así en su momento, por algo será.

Si al final aquello se ha convertido en este libro es porque con este testimonio tal vez alguien llegue a entender un poco mejor lo que es este mundo de la discapacidad profunda. Yo cuento lo que sentí en aquellos primeros días y lo que siento ahora. Ojalá este testimonio, sirva de ayuda y orientación a los que ahora sufren el íntimo calvario que nosotros pasamos hace veinte años.

Andrés Aberasturi

pensando en ti
como ahora pienso

(palabras para Cris)

Ea, ea, mi niño
Mi niño mira serio
¿qué está mirando?
Ea, ea, mi niño
sonríele a la muerte
que está a tu lado.

Para Lupe que es la verdadera protagonista,
junto a Cris, de esta historia;
sin ella, sin su fuerza y sin su amor,
todo hubiera sido distinto y amargo.

LA PLANTA QUINTA

(enero, 1980)

La planta 5.ª
no es ningún paraíso
aunque la luz lechosa
artificial
tiña todo de blanco.

El blanco aquí,
en esta 5.ª planta,
es un color amenazante;
el blanco no es la paz
sino la guerra inútil
casi perdida de antemano,
la guerra desigual
de cada día
en esta 5.ª planta
entre la nada blanca
del ayer
y el incierto mañana.

Todo
aquí
es blanco:
los tubos,
                    los pañales,
                                        el miedo,
los sudarios.
Porque la planta 5.ª
es un contrato en blanco con la muerte
que también es blanca
lo mismo que esa luz artificial

que, fríamente,
calienta unos cuerpos diminutos,
incuba vidas para un vivir incierto
y nunca se apaga.
Esas vidas inciertas
no conocen el tiempo,
no distinguen el día de la noche,
el ayer del mañana;
ignoran si aquello
sigue siendo el vientre de la madre
o es otra cosa parecida a la vida
pero que no es la vida exactamente.

La luz aquí
nunca se apaga, blanca.

La luz
llena siempre la nada.
Y el blanco no es la paz.

La soledad es blanca.

El miedo es blanco.

Blanco el silencio que vuela
sobre las grandes alas
blancas
de la muerte.

Definitivamente
la planta 5.ª
no es el paraíso sino una estrecha franja,
una frontera blanca
que divide y separa:
a un lado está la vida
y en el otro la nada;
la vida que se esponja,
la vida que se agita y grita o calla.
Pero la vida aquí,
en esta 5.ª planta
no tiene dimensiones
ni colores.

En esta 5.ª planta
a un lado está la vida
—que es un hilo casi transparente—
y en el otro la nada
—ese filo que primero no es
y luego se llama muerte—.
La vida aquí
siempre está a punto
de convertirse en nada.

La planta 5.ª
es tan solo un instante,
un raro espacio en blanco
sin otra dimensión
que no sea el presente.
Aquí todo
es presente.
Cada instante
es presente
y el pasado
carece de memoria.
El pasado
es tan solo un cúmulo de datos
escritos a vuela muerte
sobre unos folios blancos:
pulso, temperatura,
ritmo del corazón,
niveles de glucosa.
Memoria de ordenador,
datos sin imágenes.

Las horas atraviesan los pasillos reptando.
Los minutos se detienen
espantados
junto a las grandes puertas
de la 5.ª planta
y no quieren entrar.
Huyen las madrugadas
y retroceden cobardes los ocasos
mientras la noche

—tela negra de araña
con huecos para el miedo—
se recoge
igual que una crisálida
inútil
y ya muerta
de antemano.

Cambian los turnos
pero nada cambia.
Cambian las guardias
pero todo permanece.

La planta 5.ª es siempre el mismo instante
que se sucede a sí mismo
durante días, meses,
años.

La 5.ª planta es solo
un inmenso abandono
blanco.

La 5.ª planta
es un olvido injusto,
un miserable paréntesis
de dolor y de rabia,
un aquelarre de desgracias blancas
del que han huido
—aterrados—
los ángeles más fuertes.

Este es el reino de la sinrazón
y la injusticia.

Hay seres diminutos
que llegan a la vida de forma prematura,
trocitos de carne palpitante
con corazones rotos,
cuerpitos mutilados,
heridos pulmones
incapaces de oxigenar un cuerpo
que se va azulando.
Hidrocefalias.

Cardiopatías.
Parálisis.
Niños de ojos hundidos, abismales.
Niños amoratados.
Niños trasparentes
como hojitas de sándalo.
Niños opacos
por los que no pasa ni la luz ni el futuro.
Cianóticos.
Trasplantados de urgencia.
Niños ya condenados,
sentenciados a muerte por la vida,
niños recién salvados
del horror de la muerte
y condenados a la vida.
Pequeños seres
que apenas si son niños,
condenados.

Condenados
por qué y por quién.

Inocentes,
                    diminutos
                                        seres
ya
condenados.

La planta 5.ª
es sólo una pregunta sin respuesta,
un blanco silencio
que se rasga
por el sonido gutural del llanto.

La planta 5.ª
es una columna de desgracias
marchando
sobre un campo de llantos.
Innominados llantos
de ángeles sin rebelión posible,
de dulcísimos seres
sobreviviendo apenas,
aprendiendo a seguir,
a continuar en esta incoherencia
amarga que es su vida
agarrados al suero,
pendientes del oxígeno;
pequeños niños intubados
de cuya vida
solo da fe un monitor
azul
indiferente
a la tragedia.

AQUÍ
está
el
hijo.

AQUÍ está el hijo,
en esta 5.ª planta
perdido entre otros hijos,
depositado
en una cuna nido
incubadora
sin puntillas ni lazos
en su lucha irracional
contra la muerte injusta,
irracional e injusta.

La muerte,
esa entelequia siempre tan lejana,
haciéndose presente
en medio de este caos ordenado;
la muerte haciendo guardia
en esta 5.ª planta.
La muerte conocida,
la muerte-muerte,
esa tragedia
con grandes alas blancas
sobrevolando los pasillos,
aguardando en las guardias,
paseando entre las cunas
de estos niños
con historial y sin historia
sobrevenidos a la vida
torpemente.
La muerte cotidiana
sentada en la sala de visitas.

La muerte haciendo gala
de una gran discreción.

La muerte aquí
no es ninguna metáfora
porque la muerte
es solo una costumbre
en esta 5.ª planta,
un hilo transparente
que se mece suave
sobre cada cuna/nido/incubadora
igual que un sonajero.

La muerte cotidiana.

Muerte y niño
jugando
cada día,
niño y muerte jugando
a ver quién puede más,
a ver quién gana
esa inmoral batalla
entre el niño que apenas es
y la muerte inmensa
de grandes alas blancas.

No es literatura
porque la muerte aquí
ocupa el lugar de las metáforas:
el niño con historial y sin historia,

el niño sobrevenido,
el niño juega cada día con la muerte.

Y punto.

De vez en cuando
ay
gana la muerte.

Y EL niño entonces
deja de existir.
Se apaga
y ya no es.
Ya no se agita.
Ya no llora.
Ya no respira.
El niño ya no es
sino un cuerpito blanco
de mirada vacía,
una aburrida raya horizontal
y un tenue pitido
en el monitor azul.

El niño ha muerto
blanco su cuerpo
blanco.
Blanco
el hueco que deja
para otro niño
blanco.
Blanca la luz
que sigue a su abandono
en este día
blanco.

El niño ha muerto blanco.

Niño crisálida
nacido para morir
con un largo historial
y sin historia.

El niño ha muerto
y notamos el hueco de unos seres
que ya no volverán a posarse en silencio
frente a la cuna blanca
y ya vacía
porque ganó la muerte
la irracional batalla.

Nunca hablamos con ellos.
En esta 5.ª planta
cada cual
cabalga su tristeza como puede.

Aquí se llora solo.
Aquí se sufre solo.
Aquí sólo se mira
al otro lado del cristal
inútilmente
porque allí,
en la otra parte,
al otro lado
nunca hay respuesta;
sólo está el niño
solo.

El niño solo.
y la muerte
jugando
entre sus manitas blancas.
La muerte trepando por sus piernas.

La muerte —no es metáfora—
mirándote a los ojos,
mirándote desde sus ojos a tus ojos,
ya instalada
en la mirada abismal del niño
que te mira
serio, mortal y blanco
al otro lado del cristal.
Y solo.

Aquí
se muere
solo.

NEONATOLOGÍA.
5.ª planta.
Un ejército de seres taciturnos
deshilvanando su tragedia,
una triste procesión de sonámbulos
que se preguntan obsesivamente
por qué y por qué;
y como no hay respuesta a este desatino,
en un ejercicio profundamente humano
van más allá y se preguntan sin tapujos
por qué yo.

Aquí la gente llora sola
piensa sola,
sufre sola;
y cuando el blanco llena del todo
una cuna-nido-incubadora,
cuando uno de los niños muere
y sólo queda su vacío blanco,
casi mejor —pensamos—.
Y eso es todo.

Pero yo reconozco
que la muerte de un niño me horroriza,
que algo dentro de mí se rebela
y me encrespa
y me eriza la rabia
y el espanto
me llena de odio, de desesperación
y desconsuelo.

También de envidia.
Tal vez
        también
                de envidia.

Porque hay un momento en este desatino
en que la muerte
—ya digo, sin metáforas,
la muerte-muerte—
se convierte en la única salida
a tanta desazón y tanto miedo.
La muerte, esa tragedia
de grandes alas blancas.

Lo digo y lloro.
Lo confieso.
Me reconozco
en este tipo que —para decirlo claro—
desea que su hijo muera

que su hijo
muera.

Ese soy yo.

Hasta ahí llega
mi miedo,
el límite espantoso
de mi espanto.

Esa es mi miseria,
la abrumadora impotencia
que me habita.

Soy yo cansado, derrotado, triste y final.

Me aborrezco, sí;
me aborrezco
y me entiendo
y me perdono
y busco una esquina
para llorar serenamente
el miedo que me ahoga,
la desesperación impotente
que me colma,
el dolor que me muerde.
Busco una esquina
igual que un perro
busca la soledad
para lamerme esta herida
que me quema en el pecho
y en la garganta
y con la que no me siento capaz
de continuar:
esto que ocurre hoy
y que no puede ser más
que un sueño de monstruos,
algo que en cualquier momento
debe concluir,
un error

infame
de los dioses
amargos.

EL HIJO

El hijo es una forma
descabellada
entretejida con hilvanes,
un tremendo sonoro
silencio
clavado en el cerebro,
una ausencia
que jamás me abandona,
que me persigue por las calles,
en la cama, en los sueños,
que se sienta conmigo
si me siento
y se levanta
cuando yo me levanto
y camina a mi lado,
detrás mío,
y se para si me paro.

La ausencia del hijo,
su silencio,
sus tremendos ojos claros
de mirada durísima
se refleja en los cristales,
en todos los cristales,
y me espera en cada esquina
agazapado
y en las esquinas de las esquinas
se yergue su silencio
y su ausencia
vertical

como el humo
deshilvanado.

El silencio del hijo
es un vértigo blanco
que te orada la vida,
un grito descomunal
que jamás te abandona.
Y tratas de huir,
pretendes esconderte,
no escucharlo,
no sentir más,
no pensar más,
arrancártelo
aunque sea un momento.

Pero no queda un hueco en esta tierra
grande
a donde no llegue
el silencio terrible
del hijo
recién
nacido.

El hijo es un tremendo gesto de seriedad
durísimo,
unos ojos de céntimo
que asustan,
un anuncio de muerte
en la mirada,
una cabeza rapada/rasurada
a golpes de inyección,
de suero y de suturas.

El hijo es un desorden
que sobrevive pese a todo
en una cuna-nido-incubadora.

El hijo es una plaza
en la Seguridad Social.

El hijo casi es nada,
un diminuto casi nada más
entre esa turba de casi nadas,
en ese aluvión de hijos
maltratados de dios,
desheredados ya desde el inicio
de la leve esperanza;
niños desangelados
en el sentido estricto
y atroz
de la palabra.
Niños sin ángel,
niños deshilvanados,

hermosísimos seres
descabellados
que juegan a la vida
con la muerte.

EL HIJO es una herida
que se abre y supura
en este charco
de miseria aséptica,
en este lugar tremendamente blanco
donde sus labios desentonan
rojos
de mercromina o sangre
abultados, hinchados,
doloridos.
Labios frontera
de un paladar abierto,
hendido,
atravesado por una cuchillada
sádica
de un dios enloquecido.

No hay cielo de paladar
en la boca del hijo;
sólo una gruta negra,
una caverna oscura
sin estrellas.

Boca inútil
frontera de la nada
entre el mundo
que es
y el hijo
que se escapa.

(Paréntesis

Han llamado desde la planta 5.ª
para decir que el hijo
ha sido trasladado
por un episodio de cianosis
a la UVI.
UVI de Neonatología
5.ª planta.
Blancos pasillos.
Prohibido el paso.
Y en la UVI está el hijo,
en esa antesala del horror y el milagro,
en ese desacato al orden de las cosas.

La UVI es el silencio total desafinado.
La UVI —planta 5.ª—
es un chirrido,
una injusticia,
un desafío a la razón,
la obra de un dios malo,
la maldición más tenebrosa de dios,
la injusticia
hecha carne
de niño
            inocente
                        condenado.)

El niño que estaba junto al hijo
ha muerto.
Pero el hijo
sigue,
          continúa,
                    se aferra
y te sigue mirando con sus ojos de céntimo
y es duro contemplarlo
solo en su incubadora,
astronauta del miedo
en una cápsula de aséptico cristal.

El hijo acristalado
como un diamante en bruto.

El hijo no tallado.
El hijo por terminar de hacer.

Mi niño,
mi niño de cristal
acristalado.

EL ENCUENTRO

HOY VA la madre
va a conocer al hijo
renqueando, andando despacito,
con las entrañas rotas por la cesárea
y el dolor de la ausencia,
con los brazos vacíos y aun huérfanos
del hijo.

Porque el hijo
—extraído del vientre de la madre,
arrancado—
rompió a llorar
y todo él fue un grito de auxilio y agonía,
una urgencia que atravesó Madrid
entre sirenas,
bajo copos de nieve
mientras la vida, casi nada,
apenas un atisbo,
se negaba a quedarse, risueña,
en su mirada.

Y la madre y el hijo
dejaron de ser uno,
les desgarraron
y en aquel desgarro
se incendió la soledad
y el desconcierto
llenó sus vidas
de soledad y huecos

LA MADRE avanza ahora con blandos
pasos lentos
por los pasillos blancos.

La madre, paso a paso,
sujetándose el vientre herido por la ausencia,
se acerca al hijo
lenta por los pasillos largos.

Quiere llegar volando
y a la vez quiere
no acabar de llegar.

Ya está frente al cristal.

Ya intuye al hijo entre los otros niños
desmadejados.

Ya se lo acercan.

Ya se miran.

Sólo un lívido llanto
y una sonrisa inevitable,
hermosa,
que marca sobre los ojos
un sabor a amargura
y pone dulce
al corazón amargo.

Madre e hijo mirándose
con un cristal por medio.

Su niño.

Su niño enfermo.

Su niño de cristal
acristalado.

La madre ni reprocha ni pregunta
pero exige
el derecho a tocarlo,
su derecho a sentirlo piel con piel,
a señalarlo
y ungirlo con sus manos de madre;
quiere reconocerlo,
recrearlo,
contener sus contornos,
acunarlo,
                    apalomar al hijo
                                                  herido,
condenado,
sacarlo de su urna de cristal
y fundirlo en su pecho.
Quiere recuperar al hijo
al que exiliaron de su vientre
una tarde de enero en un Madrid nevado.

Se lo robaron
cuando estaba dormida.

Se lo llevaron
en una ambulancia blanca
camino de otras manos.

La madre oyó entre sueños
aquel trajín de sirenas varadas
en el patio
y luces amarillas.

Y supo que su hijo
—dulcísimo renacuajo—
se alejaba de ella en busca de unas manos
que no podían ser sus manos,
en busca de unas manos de látex,
asépticas y sabias,
que le encuentran venas diminutas
donde enchufar chorros de vida,
jugándose a una carta,
a un goteo
la partida fatal contra la muerte
—y no es metáfora—
que reclamaba a su cachorro débil
—dulcísimo renacuajo—,
que ingresaba
entre sirenas y amarillos urgentes
en La Paz
Neonatología
5.ª Planta

La madre ya no llora.
Solo evoca
la primera mirada de su hijo,
el primer simple roce de sus manos,
aquel llanto entre sueños y sirenas,
su suave tacto
que ella nunca sintió.

La madre ya no llora.

Atraviesa segura
la puerta del desahucio
y pasa al otro lado del cristal;
mete las manos en la
cuna/nido/incubadora
con devoción y miedo
y apenas si se atreve
en el primer contacto
a rozar la frente del hijo,
sus mejillas,
la cabeza del niño
descabellado,
herido,
enfermo,
el hijo de cristal,
mi niño roto,
su niño,
su niño desahuciado

que se agarra a la vida
y que mira y siente y teme
aquellas manos de madre que acarician.

Porque el hijo
tiene miedo a las manos,
a todas las manos.

Para el hijo intocado
—apenas veinte días en la vida—
las manos,
todas las manos no son sino garras de látex,
la antesala del pinchazo,
el preludio del dolor,
triste anuncio del llanto
que es lo que él conoce:
llanto sobre llanto y llanto
y entre medias
silencio y luz artificial.
Si se rompe el silencio
empieza el llanto.
Si una mano se acerca
hasta su cuerpo,
empieza el llanto
y su llanto
no es el llanto de un niño
que tiene sed o sueño.

El hijo llora
igual que un animal acorralado
en su cuna-nido-incubadora,
igual que un hombre herido,
con esa humanidad
que da el espanto
irracional.

Llora muy seriamente
frente a unas manos,
frente a todas las manos
porque el hijo ignora
—apenas veinte días en la vida—
la dulzura del tacto
y que las manos de la madre
le estaban esperando de par en par abiertas
desde hace siglos,
desde todos los tiempos
buscándolo
en los costados de los sueños,
soñándolo a su lado
como lo tiene ahora,
niño suyo
mi niño,
niño desmadejado
que mira fijo los ojos de la madre
y no sonríe.

Y no sonríe.

Su niño roto.

Su niño inacabado.

El hijo por terminar de hacer

Mi niño de cristal
acristalado.

EN CASA

(noviembre, 1998)

MI HIJO duerme en su casa
y en su cama.
Me he sentado a su lado esta noche
a mirarlo despacio:
sus gestos que conozco,
sus dulces labios,
esa frontera rosa de besos babeados.
Mi hijo duerme sano y yo a su lado
le contemplo en silencio.

Me detengo en sus manos,
en sus dedos largos y hermosos, finos,
en sus ojos
entre azules y grises,
ojos claros que miran el mundo
con asombro y dulzura,
en sus brazos delgados,
en sus piernas/canillas,
en su pelo cuajado.

Cuando duerme mi hijo
coloca las dos manos
entre la almohada y su mejilla
y me pregunto qué sueña ya con 18 años.
Serán sueños de niño
donde tal vez se explique
este mundo tan raro
que juega
y corre
y grita

mientras mi niño, fuerte y delgado,
en su silla de ruedas
se contempla la mano mucho rato
y de pronto se ríe.
Y su risa
es un canto.

A mi hijo —de 18 años—
lo que más le gusta
es que le coja en brazos.
Pero yo ya estoy viejo y me cuesta
y me niego.
Y mi hijo me trepa, me coge, me mira,
me mira de tal modo
que me vence
y lo levanto en brazos
y entonces se me agarra y se ríe
y restriega su cara con la mía
y me abraza.
Y ese abrazo
es un canto.

Mi hijo
en 18 años
nunca ha dicho «mamá»
y nunca ha preguntado
por qué la vida ha hecho lo que ha hecho.
Mi niño nunca ha hablado.

Mi hijo —ya lo he dicho—
no sabe andar;
sujetándolo
puede dar unos pasos
hasta que dobla las rodillas.
Pero en la silla de ruedas
o medio gateando
viene y va por la casa
no sé cómo,
y hay mañanas
que yo estoy acostado,
dormido, medio en ruinas
y de pronto aparece a mi lado
y abro un poco los ojos y le veo
y me mira
y le miro
y ese simple mirarnos
con la mañana al fondo
es un canto.

La boca de mi hijo
es un vergel de dientes malformados
en el que la fonética
pactada en los diccionarios
no ha querido posarse.
Por eso
para sus labios
invento yo sonidos
y fabrico palabras
que tengan el tamaño de su boca.
Las tallo y las horneo y las guardo
y cuando están maduras
las desparramo
entre sus sueños blancos
y en sueños mi hijo dice «madre»,
«alba», «amigo», «hermano».

Y cuando sueña el hijo
como ahora está soñando
con palabras que solo nosotros conocemos,
con esas palabras que le hago
en noches como esta,
cuando mi hijo sueña
es un canto.

Mi hijo mueve los brazos
desmesuradamente.
Y las piernas.
Y todos los costados
de un cuerpo sin secretos.
Todo desmesurado.

Si se ríe se ríe a carcajadas
y cuando abraza
abraza tanto
que casi te hace daño
y te coge y te araña
y te busca la boca con la mano
y se faja contigo cuerpo a cuerpo
alma a ala.
Y toda esa desmesura de mi hijo,
es un canto.

Las manos de mi hijo
no empuñarán banderas
ni fusiles
                ni hoces
ni moldearán el barro
ni escribirán sonetos.
Las manos de mi hijo
nunca harán daño.
Sus manos,
sus dedos largos,
son torpes cuando agarran
pero acarician tanto,
te buscan y te cercan con tanto ahínco,
que ese cerco
es un canto.

HAY NOCHES en que el hijo
se me duerme ovillado junto al regazo
de la madre.
Ella resuelta en lunas,
él pálido,
rosa y mortal.

Ay nanas de la cebolla,
nanas de los 18 años
a cuestas con la vida
y ella y tú batallando
contra la muerte injusta,
ganando la batalla
y volviendo a luchar
esta vez contra el miedo.

Y siempre ganando.

Fue ella, hijo, fue ella
—y tú en sus brazos
mortal y rosa,
mi niño fieramente ángel,
mi ángel fieramente humano—
fue ella quien se irguió
sin odio
frente a la desgracia
y empezó a caminar plantando cara y alma
a tu destino incierto,
a la muerte feroz equivocada.

Y cruzó la engañosa ciudad
del desamparo. Dejó atrás
los desiertos de la nada.
Atravesó los arrecifes de la fácil huida.
Anduvo sin mojarse sobre las aguas
turbias del miedo y la amenaza;
Y nunca lloró
teniéndote en los brazos.

Cuando encontró la paz
al fin,
cuando ella y tú os mirasteis
y de aquella mirada
nació la fuerza más grande de la tierra,
entonces
empezó a levantar
para ti,
para todos,
la ciudad de la esperanza.

Pintó los horizontes
transparentes,
derribó las murallas,
te hizo caminos nuevos
y llenó las distancias
de puentes y de sombras;
colgó del cielo estrellas
sólo para que tú las vieses
y para ti hizo cierta

la hasta entonces
dudosa luz del alba.

Y no fue fácil
hijo, te lo juro.
Tu historia
es una historia larga
llena de incertidumbres,
de acosos y amenazas.

Hubo días de lluvia
en los que el alma
se contagiaba, negra,
de aquellos nubarrones
y era duro seguir
en aquella ciudad
a medio hacer
de la esperanza.

HUBO noches en vela,
noches muy largas
contando el aire que exigías por minuto,
—y no es metáfora—
noches de fiebre alta
donde la vida sólo funcionaba a medias:
te medio dormías,
medio respirabas,
nos mirabas con los ojos medio abiertos,
y hasta tu vientre tenía que medio tirar
de aquel pulmón herido
que se negaba
a subir más oxígeno
para que tú siguieras,
para que continuaras
en esto de la vida.

La vida...
qué palabra.
La vida era un pez escurridizo,
un hilito de nada
latiendo débilmente en una cuna
mientras la muerte,
esa injusticia de grandes alas blancas,
esperaba desatenta,
disfrazada
de solución y olvido.

TODO ha pasado ya.

—Duerme ahora hijo mío,
duerme mi niño, duerme
que mañana
pondremos soles nuevos en el día.
Nos espera la vida.

La vida...
qué palabra,
tan dura a veces;
la vida
que a veces duele tanto
que sólo tu risa abierta
—ese canto—
endulza esta agonía amarga
que es vivir.

—Duerme ahora mi niño
duerme,
porque tú eres la paz,
porque tú eres la paz.

—Duerme gorrión inmóvil,
duerme ángel mío.

—Duerme mi niño,
duerme.

Hijo mío.

Anda,
duerme.

ÍNDICE

Índice

Un blanco deslumbramiento

Esta novena edición de *Un blanco deslumbramiento. Palabras para Cris* acabóse de imprimir el 28 de noviembre de 1999, 118 aniversario del nacimiento de Stefan Zweig

Apartado de correos 3146 • 28080 Madrid (España)

1.ª edición: mayo 1999
2.ª edición: junio 1999
3.ª edición: julio1999
4.ª edición: julio 1999
5.ª edición: agosto 1999
6.ª edición: agosto 1999
7.ª edición: septiembre 1999
8.ª edición: octubre 1999
9.ª edición: noviembre 1999

Cubierta: *Arcos III,* técnica mixta, por Andrés Aberasturi
Diseño de la colección: Equipo Trulogar

ISBN: 84-95140-15-2
Depósito Legal: M-33584-1999
Impreso en España